AF311657

CATALOGUE

D'ESTAMPES

ANCIENNES

Des XVIe, XVIIe & XVIIIe Siècles

PORTRAITS

LITHOGRAPHIES, EAUX-FORTES MODERNES
VUES, COSTUMES, CARICATURES

DESSINS

Composant une partie de la Collection de

FEU Mᵣ A. PIAT, ANCIEN NOTAIRE

DONT LA VENTE AUX ENCHÈRES PUBLIQUES AURA LIEU

HOTEL DES COMMISSAIRES - PRISEURS, RUE DROUOT, N° 9

SALLE Nᵒ 3

Du Lundi 22 au Mercredi 24 Février 1897

A deux heures.

Par le ministère de Mᵉ **Paul CHEVALLIER**, Commissaire-Priseur
Rue Grange-Batelière, 10

Et de Mᵉ **Édouard BARTAUMIEUX**, son confrère, rue St-Honoré, 334

Assistés de **M. Paul ROBLIN**, Marchand d'Estampes
Rue Saint-Lazare, 65

PARIS, 1897

Paris. — Imp. PAIRAULT et Cⁱᵉ, 3, passage Nollet. — 3988.

CATALOGUE

D'ESTAMPES

DES XVIᵉ, XVIIᵉ ET XVIIIᵉ SIÈCLES

DESSINS

CATALOGUE

D'ESTAMPES

ANCIENNES

Des XVIe, XVIIe & XVIIIe Siècles

PORTRAITS

LITHOGRAPHIES, EAUX-FORTES MODERNES
VUES, COSTUMES, CARICATURES

DESSINS

Composant une partie de la Collection de

FEU Mr A. PIAT, ANCIEN NOTAIRE

DONT LA VENTE AUX ENCHÈRES PUBLIQUES AURA LIEU

HOTEL DES COMMISSAIRES - PRISEURS, RUE DROUOT, N° 9

SALLE N° **3**

Du Lundi 22 au Mercredi 24 Février 1897

A deux heures.

Par le ministère de **Me Paul CHEVALLIER**, Commissaire-Priseur
Rue Grange-Batelière, 10

Et de **Me Édouard BARTAUMIEUX**, son confrère, rue St-Honoré, 334

Assistés de **M. Paul ROBLIN**, Marchand d'Estampes
Rue Saint-Lazare, 65

PARIS, 1897

CONDITIONS DE LA VENTE

La vente sera faite au comptant.

Les acquéreurs payeront *cinq pour cent* en sus des enchères.

M. Paul ROBLIN, chargé de la direction de la vente, se réserve la aculté de rassembler ou de diviser les lots.

ORDRE DES VACATIONS

Lundi 22 Février . . .	Estampes, Nᵒˢ	1 à 244
Mardi 23 Février . . .	Estampes, Nᵒˢ	245 à 490
Mercredi 24 Février. . .	Estampes, Nᵒˢ	491 à 627
id. id.	Dessins, Nᵒˢ	628 à la fin.

DÉSIGNATION

ESTAMPES

ADRESSES

1 — Moitessier, M^d d'Estampes, gravé par Louvion.

2 — Ex-libris, d'après J.-M. Moreau le jeune, 1777, par Gaucher. Très belle épreuve avant la lettre.

ALDEGREVER (H.)

3 — La Parabole du mauvais riche, 1554. (B. 44-48). Suite de cinq estampes. Belles épreuves.

4 — Titus Manlius, 1553 (B. 72). Belle épreuve.

5 — Huit pièces de la suite des vertus et des vices qui leur sont opposés, 1552 (B. 117-130). Bonnes épreuves.

ANONYME

6 — Naissance de Monseigneur le Dauphin, fils de Louis XVI. In-4 en largeur. Très belle épreuve avant toutes lettres.

7 — *Marie-Antoinette*, reine de France, in-4. Belle épreuve.

8 — Représentation exacte du grand collier en brillants des sieurs Boehmer et Bassange, gravé d'après la grandeur des Diamans, in-fol. Belle épreuve.

AUDINET (P.)

9 — *Clery* (J.-B), dernier serviteur de Louis XVI, d'après Danloux, in-4. Belle épreuve, toutes marges.

AUDRAN (C.)

10 — Les mois de l'année, suite de douze pièces arabesques en hauteur. Belles épreuves.

AVELINE

11 — Vues du château et des jardins de Versailles, soixante-onze pièces en un album broché.

BARTOLOZZI (F.)

12 — Bacchus et Ariadne. Très belle épreuve avant toutes lettres.

BASSET (à Paris chez)

13 — Le *Baron de Kray*, feld maréchal et général des armées impériales, in-4, en couleur.

BAUDOUIN (d'après P.-A.)

14 — Le Poéte Anacréon, par N. de Launay. Belle épreuve, marges.

15 — La Sentinelle en défaut, par N. de Launay. Très belle épreuve.

BAZIN (N.)

16 — *Louis-le-Grand*, roi de France et de Navarre, in-fol. équestre. Très belle épreuve.

BEHAM (H.-S.)

17 — Cimon, nourri par sa fille, 1544. (B. 75). Belle épreuve.

18 — Les Travaux d'Hercule, suite de douze estampes (B. 96-107). Belles épreuves.

19 — Trois pièces doubles de la suite précédente. — Noce de village (B. 155), quatre pièces. Très belles épreuves.

20 — La femme couchée, vue par le dos (B. 215). Deux épreuves des 3e et 4e états.

21 — Le Mascaron, 1543. (B. 231). Belle épreuve.

22 — Les Divinités qui président aux sept planètes (B. 5 des pièces attribuées). Belles épreuves.

BELLA (Et. de La)

23 — Le Reposoir. Belle épreuve.

BELOTTO, dit CANALETTO

24 — Diverses vues de Dresde, gravées à l'eau-forte. Dix pièces grand in-fol. en largeur. Très belles épreuves avec belles marges. Rares.

BENARD (d'après)

25 — Repos de chasse, par Moitte. Très belle épreuve.

BERGNY (à Paris, chez)

26 — L'Auteur tombé. — L'Auteur couronné. — L'Auteur applaudi. Trois pièces en couleur.

BERTHET (à Paris, chez)

27 — Avant. — Après. — Comme on fait son lit on se couche. Très belle épreuve.

BIBIENA

28 — Sujets de la Passion de Notre-Seigneur Jésus-Christ, représentés dans des riches compositions d'architecture, tombeaux, etc. Douze pièces. Très belles épreuves.

BOILLY (L.)

29 — Jean qui pleure et Jean qui rit. Deux pièces faisant pendants gravées par Mlle Hulot. Superbes épreuves avant la lettre, toutes marges.

BOILLY (d'après L.)

30 — Réunion d'artistes, gravé par Clément. Très belle épreuve avec le trait explicatif.

31 — La Solitude, par Darcis. Superbe épreuve, toutes marges.

32 — La Surprise agréable, par Mixelle. Belle épreuve imprimée en couleur.

BOILLY et BENAZECH (d'après)

33 — Qu'elle est Gentille, par Bonnefoy. — Le Couronnement de la Rosière. Deux pièces imprimées en couleur.

BOILLY (d'après J.)

34 — Costumes italiens. Seize pièces coloriées.

BOIZOT (d'après)

35 — La République. — La Probité. — La Liberté. — L'Égalité. — La Liberté. — La Loi. Suite de six pièces, dont quatre en couleur. Très belles épreuves, toutes marges.

BONNART (N.)

36 — Les différents métiers. Suite de vingt-six pièces publiées par G. Walck. Très belles épreuves, toutes marges.

BOSSE (A.)

37 — *Louis XIII* en prière devant un Crucifix. In-folio. Belle épreuve.

38 — Les Éléments. Suite de quatre pièces (G. D. 1090-1093). Très belles épreuves.

BOUCHER (d'après François)

39 — Les Charmes du Printemps, par J. Daullé. Très belle épreuve, marges.

40 — L'Hymen et l'Amour, par Beauvarlet. Très belle épreuve.

41 — La Marchande de modes, par Gaillard. Très belle épreuve.

42 — Le Panier mystérieux. — Le Berger récompensé. Deux pièces faisant pendants, gravées par H. Gaillard. Très belles épreuves, marges.

43 — Troisième livre de sujets et pastorales, par F. Boucher, peintre du Roi. Suite de six pièces gravées par Huquier. Manque le n° 2. Très belles épreuves, toutes marges.

BOUCHER et FENOUIL (d'après)

44 — Les heures du jour. Suite de quatre pièces, gravées par Petit. Belles épreuves.

BOUCHER et LE MESLE (d'après)

45 — Le Fleuve Scamandre. — Le Cuvier. Deux pièces gravées par de Larmessin et Fillœul. Belles épreuves.

BOULENGER et VIENOT

46 — Le Bek de l'Espagnol pris par le Français, ou la bataille de Sens. Le Peintre. — L'Escornifleur. — La Musique venteuse. Quatre pièces satiriques de l'époque Louis XIII. Très belles épreuves.

BOVINET

47 — Foyer du théâtre Montansier. In-8 en largeur. Belle épreuve.

BOYDELL (à Londres chez)

48 — Scènes du Théâtre de Shakespeare, d'après Wheatley, Hoppner, Angelica Kauffmann, etc., et gravées par Bartolozzi, Smith, R. Thea, Facius, etc. Quarante-une planches in-folio réunies en album.

BOYVIN (R.)

49 — Salières et coupe. Deux pièces.

BRACQUEMOND

50 — Don Quichotte, d'après Goya (286). — Scène de Rabelais. Deux
pièces. Belles épreuves avant la lettre.

BRUYN (N. de)

51 — Différents chefs et rois de l'antiquité, représentés dans des entourages d'ornements, genre grotesque. Neuf pièces et autres sujets
divers, quinze pièces. Belles épreuves.

BRY (Th. de)

52 — Fonds de coupes, quatre pièces, Très belles épreuves.

BRY (Th. de) et L. GAULTIER

53 — Les Noces d'Isaac et de Rébecca. — Triomphe de Jésus-Christ. —
Sujets du Nouveau Testament. Vingt-six pièces.

BUHOT (F.)

54 — La fête nationale au boulevart de Clichy 1878 (127). Très belle
épreuve avec croquis dans les marges.

55 — L'hiver à Paris, vue de la place Bréda, 9 décembre 1879 (128).
Très belle épreuve avec croquis dans les marges.

56 — La place Pigalle en 1878 (129). Très belle épreuve.

57 — Débarquement en Angleterre, effet de mauvais temps à la nuit
tombante, 1879 (130). Très belle épreuve.

58 — Westminster-Bridge (156). Très belle épreuve avec croquis dans
les marges.

59 — La Place des Martyrs et la Taverne du Bagne 1885 (163). Très belle
épreuve du premier tirage, avec croquis dans les marges.

CALLOT (Jacques)

60 — *Louis de Lorraine*, prince de Phalsbourg (M. 508). Très belle
épreuve

61 — Les Martyrs du Japon. Très belle épreuve.

CALLOT (Jacques)

62 — Les petites Misères de la guerre (M. 557-563). — La Rencontre à
l'épée (595). — La rencontre au pistolet (595). Neuf pièces en
album.

63 — Les grandes misères de la guerre, suite de dix-huit pièces (M.564-
581). Très belles épreuves du deuxième état, avant que les mots :
Israel excudit, aient été enlevés, marges.

64 — Les Gueux ou Mendiants (685-709). Suite de vingt-quatre pièces
(manque le n° 3). Épreuves avant les n°s , en album.

CALLOT (Jacques) et DELLA BELLA

65 — La vie de l'Enfant prodigue ; 10 pièces, épreuves avant les
n°s. — Les Caprices, 44 pièces en album. — Titre et sujets
religieux ; 9 pièces. — Un album contenant : Les grandes misères de
la guerre, 14 pièces. — Un titre. — Entrées, 8 p , puis 30 paysages
et ornements par Della Bella. En tout cent-quinze pièces, épreuves
anciennes.

CARESME (d'après Ph.)

66 — Bacchanales. Deux pièces faisant pendants, gravées par Bonnet.
Très belles épreuves imprimées en couleur.

CARMONTELLE (d'après L. C. de)

67 — Différentes vues du Jardin de Monceaux. Douze pièces. Très belles
épreuves, grandes marges.

CASTELLAS (d'après Mlle)

68 — Le Petit favori, par Voyez le jeune. Très belle épreuve.

CHAILLOU (A Paris chez)

69 — La Belle Emilie. In-4. Belle épreuve imprimée en couleur.

CHALLE (d'après)

70 — Le portrait chery. Belle épreuve en couleur, encadrée.

CHAMPOLLION (E. A.)

71 — La choix du Modèle, d'après Fortuny. Épreuve d'artiste sur japon,
signée du graveur.

CHAPUY

72 — La fontaine des Innocents. Très belle épreuve avant toutes lettres, imprimée en couleur.

CHARDIN (d'après J.-B. S.)

73 — Le Dessinateur, par Flipart. Très belle épreuve.

74 — Jeune fille à la raquette, par Lépicié (E. B. 29). Belle épreuve, marges.

75 — La Pourvoyeuse. Belle épreuve.

76 — La Serinette, par L. Cars. Belle épreuve.

CHEAUVEAU (d'après)

77 — L'honnête fripon. — La curieuse, deux pièces faisant pendants, gravées par Patas. Belles épreuves.

CHENAY (Paul)

78 — John Brown, d'après Victor-Hugo. Belle épreuve.

CHEREAU (J.)

79 — La jeune femme prenant une tasse de café. — Jeune femme lisant une lettre, deux pièces faisant pendants, d'après De Troy. Très belles épreuves.

CHEREAU (à Paris chez la Vve)

80 — Procès et mort de Louis XVI, six médaillons sur une même planche. Belle épreuve.

COCHIN le fils (d'après Ch.-N.)

81 — Ba an (P. Fr.), graveur, par Marais. Deux superbes épreuves, dont une avant le nom et avec les noms d'artistes à la pointe, marges.

82 — Louis XVI, — Marie-Antoinette, représentés au milieu de figures allégoriques, deux pièces faisant pendants gravées par de Longueil. Très belles épreuves, toutes marges.

83 — *Watelet* (Ch.-H), par Lempereur, in-4. Très belle épreuve, toutes marges.

84 — Frontispice de l'histoire universelle, par Aug. de Saint-Aubin. Très rare épreuve à l'état d'eau-forte, grandes marges.

COCHIN le fils (d'après Ch.-N.)

85 — Concours pour le prix de l'étude des têtes et de l'expression, par
par J.-J. Flipart. Très belle épreuve, grandes marges.

86 — La même estampe. Très belle épreuve, marges.

87 — Vignettes pour l'Histoire de France du président Hénault, trente
pièces et les portraits d'Hénault, gravés par Gaucher et Prévost.

88 — Portraits et sujets pour l'Histoire de France, du Pᵗ Hénault, suite
de trente-et-une pièces gravées par Prévost, Gaucher, etc., dont
quinze avant les numéros.

COCHIN, GRAVELOT, GREUZE, QUEVERDO, SCHENAU

89 — Vignettes pour l'Arioste. — Les métiers, par Bacheley. — Achetez
mes petites eaux-fortes. — Têtes de fantaisies, cent cinquante-trois
pièces.

COIFFURES

90 — Coiffures anciennes, planches du xviiⁿ siècle, quarante pièces.
Belles épreuves.

COLIBERT

91 — Jeux d'enfants, deux pièces faisant pendants. Belles épreuves
imprimées en couleur.

COLINET

92 — *Boufflers* (la comtesse Amélie de), in-fol. Belle épreuve en
couleur.

COLLAERT (Adrien)

93 — Les Mois de l'année, d'après H. Bol, suite de douze pièces.

94 — Fond de plat. — Bouquet de fleurs. — Junon dans un entourage
d'ornement, trois pièces. Belles épreuves.

COMMARIEUX et COQUERET

95 — Les Gastronomes en jouissance. — Les Gastronomes sans argent, d'après C. et H. Vernet. Deux pièces, épreuves coloriées.

COYPEL (d'après Ch.)

96 — Education sèche et rebutante donnée par une prude, gravé par
Desplaces. Très belle épreuve, toutes marges.

COYPEL (d'après Ch.)

97 — Jeu d'enfant. — La jeunesse sous les habillements de la decrépitude. — La coquette. — *Entre deux mouvements sans cesse partagée,* quatre pièces gravées par Lépicié. Belles épreuves.

98 — Illustrations pour Don Quichotte, 30 pièces in-fol., par divers graveurs. Très belles épreuves, marges.

CROISIER (M.-A.)

99 — Un bon prince est aimé jusque dans ses enfants, in-8. Belle épreuve.

CRUIKSHANK

10) — The new lang back'd Hobby made to carry three without Kicking. Pièce rare, coloriée, sur les voitures vélocipèdes.

DALEN (C. Van)

101 -- *Charles II,* roi d'Angleterre. In-folio. Belle épreuve.

DANLOUX (d'après)

102 — Ah ! si je te tenais. — Je t'en ratisse. Deux pièces faisant pendants, gravées par Beljambe. Très belles épreuves, plus les deux mêmes pièces d'un état postérieur, avec légende en bas. Quatre pièces avec belles marges.

DEBUCOURT (P.-L.)

103 — *Lou's XVIII,* d'après Béra. In-folio en pied. Très belle épreuve, marges.

104 — Le Carnaval, 1810. Belle épreuve.

105 — L'Ecole en désordre. — La Récréation. Deux pièces faisant pendants. Belles épreuves.

106 — Le Gourmand, in-8. Belle épreuve, marges.

107 — Un Gourmand, 1803. Belle épreuve.

108 — Kibitki d'hiver. — Kibitki d'été. — Isvoschtschik en repos. Trois pièces d'après Damame-Dumartrait. Très belles épreuves.

109 — L'Hiver. Très belle épreuve, marges.

DELACROIX (Eugène)

110 — Le Tigre couché. Epreuve à l'état d'eau-forte pure, avant le nom de l'artiste et avec les salissures dans les marges.

111 — Faust, de Goethe. Paris Danlos. Dix-huit pièces dans la couverture de publication.

DELAUNAY (N.)

112 — La Chute dangereuse, d'après F. Meyer. Très belle épreuve. marges.

DELAUNE (Etienne)

113 — Histoire de la Genèse. Suite de trente-six estampes (R. D., 24-59). Très belles épreuves.

114 — Histoire d'Apollon et de Diane. Suite de six estampes (R. D. 133-138). Belles épreuves.

115 — Les Douze mois, ou les différentes occupations des hommes pendant le cours de l'année. (R. D., 185-196). Très belles épreuves.

116 — Emblèmes moraux. Suite de vingt estampes dont nous n'avons que dix-sept. (R. D. 205-224). Belles épreuves.

117 — *Ambroise Paré*, premier chirurgien du Roi. (R. D , 315). Belle épreuve.

118 — Quelques-unes des sciences, figurées par des femmes occupant le centre des compositions, avec les attributs qui leur conviennent. Suite de six estampes (R. D.. 310-315). Belles épreuves.

119 — Grotesques, sur fond noir. Vingt et une pièces de diverses suites. Très belles épreuves.

DELFF (W.-J.)

120 — *Bohême* (Elisabeth, Reine de), d'après Mierevelt. In-folio. Très belle épreuve.

121 — *Frédéric-Henri*, comte palatin du Rhin, duc de Bavière, d'après M Mierevelt (F. 12). Très belle épreuve.

122 — *Brunswick* (Christian, duc de), d'après Mierevelt (F. 14). Très belle épreuve, marges.

DELFF (W.-J.)

123 — *Brunswick* (Sophie-Hedwige, duchesse de), d'après Mierevelt (15). Belle épreuve.

124 — *Bavière* (W. Guillaume, comte palatin du Rhin, duc de). — *Culenberch* (Florent, comte de). Deux portraits in-folio, d'après Mierevelt. Très belles épreuves.

125 — *Frédéric-Henri*, prince d'Orange, d'après Mierevelt. In-folio. Très belle épreuve.

126 — *Thurn* (H.-M., comte de), général allemand, d'après Mierevelt. (F. 88). Très belle épreuve.

DEMACHY (d'après)

127 — Inauguration de la statue de Louis XV. Belle épreuve avant la lettre.

DEMARTEAU

128 — Allégorie sur le mariage du Dauphin, d'après Guérin. Belle épreuve imprimée en sanguine.

DEPEUILLE (à Paris, chez)

129 — La Réponse incroyable. Très belle épreuve en couleur.

130 — Les Malheurs de la Vaccine. Trois épreuves coloriées à toutes marges.

DESHAYES (d'après)

131 — La Résistance, par Nicollet. Très belle épreuve, marges.

DESNOS (à Paris chez)

132 — Deux suites de chacune treize vignettes imprimées sur deux feuilles pour Almanachs de poche. Très belles épreuves. Une suite est avant la lettre.

DESPREZ

133 — La Chimère. Très belle épreuve, marges.

DESRAIS (d'après C. L)

134 — Le Bal masqué, par Berthet. Belle épreuve.

135 — Marchande de fleurs. In-4. Belle épreuve.

DESRAIS (C.-L.)

136 — Quatre vignettes avec texte explicatif en regard, pour un almanach de poche. Épreuves coloriées.

DIVERS

137 — Jean-Jacques Rousseau et Madame de Girardin. — Aux Manes de J.-J. Rousseau. Deux pièces en couleur. Belles épreuves.

138 — La plaisante alliance des chats avec les rats. — Ce fardeau de Paix et de Guerre. — Pièce grotesque sur une farce représentée à l'hôtel de Bourgogne. Trois pièces satyriques du règne de Louis XIII. Belles épreuves.

139 — Vignettes avec texte explicatif en regard pour Almanachs de poche. Dix pièces.

140 — Estampes anciennes des xvie et xviiie siècles. — Sujets relatifs à la Révolution. Trente pièces par ou d'après Goltzius, Galle, Picart, etc.

141 — Album, croquis japonais par Bigot. — Les Mois, par Trimolet. — Les Mois, de Giacomelli. — Les Cent et un rébus charivariques, etc. Environ cent pièces.

DORÉ (G.)

142 — Mort de Gérard de Nerval. Très belle épreuve sur chine coupé.

DREVET (P.-J.)

143 — *Orléans* (Elisabeth-Charlotte de Bavière, Duchesse d'), d'après Rigaud. Très belle épreuve avant le texte au verso.

DUPIN

144 — *Marie-Antoinette*, Reine de France. Deux portraits différents d'après Vanloo. In-folio. Très belles épreuves.

DUPIN et FESSARD

145 — *Dorat*. Deux portraits différents, dont un d'après Hoin. In-8. Très belles épreuves, marges.

DUPLESSIS-BERTAUX

146 — Entrée de Louis XVIII à Paris. Epreuve avant la lettre, à l'état d'eau-forte, marge.

DUPLESSIS-BERTAUX

147 — Bataille commandée par Napoléon. Très grande pièce en largeur. Epreuve avant toutes lettres.

DUPONCHEL (Ch.)

148 — *Marie-Antoinette*, Dauphine de France, d'après Ducreux. In-fol. Belle épreuve, remmargée.

149 — *Leczinska* (Marie), Reine de France, d'après Nattier. In-8. Très belle épreuve, marges.

DURER (Albert)

150 — La famille du satyre (B. 69). Belle épreuve.

DUTAILLY (d'après)

151 — Six médaillons, imprimés sur trois feuilles, pour illustrer Paul et Virginie, gravés par Guyot. Très belles épreuves imprimées en couleur, marges.

DUTERTRE

152 — Portraits des Officiers et Savants de l'expédition d'Egypte. Cent cinquante pièces, dont plusieurs doubles.

DYCK (d'après Ant. Van)

153 — *Bavière* (Charles-Louis, Comte Palatin du Rhin, Duc de), gravé par Hollar. Belle épreuve.

154 — *Croy* (Marie-Claire de), Duchesse de Havré (W. 111). Deux très belles épreuves de premier état, avec l'adresse de Meyssens.

155 — *Wallenstein* (Albert, comte de), gravé par P. de Iode (W., 24). Très belle épreuve du premier état, avec l'adresse de Mart. Van-den Enden, grandes marges.

ÉCOLE ALLEMANDE DU XVIᵉ SIÈCLE

156 — Treize pièces diverses par Altdorfer, Aldegrever, etc. Bonnes épreuves.

157 — Sujets religieux et mythologiques, scènes de mœurs, etc., par Aldegrever, H. S. Beham et Th. de Bry. Quarante-quatre pièces.

ÉCOLE FRANÇAISE DU XVIIIᵉ SIÈCLE

158 — Le déjcuné. — La réflexion tardive. — Le serment à la mode. — Modes et mœurs. — Batailles de Louis XIV. — L'Hcureux àge. — Ornements. Quatre-vingt deux pièces par ou d'après S. Le Clerc, Watteau, Freudeberg, Surugue, Vauquier, La Guertière, etc.

159 — Les Cerises. — La leçon interrompue. — Dors, Dors. Trois pièces d'après Eiscn, Lavreince et Regnault. La première est à l'état d'eau-forte.

160 — En-tête de page avec le portrait en buste de la Reinc Marie-Antoinette. Épreuve tirée hors texte.

EDELINCK (G.)

161 — *Lafontaine* (Jean de), de l'Académie Française, d'après Rigaud. Très belle épreuve, marges.

EISEN (Ch.)

162 — Dessin d'une fontaine, gravé à l'eau-forte. Deux très belles épreuves à toutes marges.

EISEN (d'après Ch.)

163 — La belle nourrice, par de Longueil. Très belle épreuve.

ESTAMPE ORIGINALE (L')

164 — Eaux-fortes et lithographies, par Boutet, Dillon, Gérardin, Lepère. Douze pièces, dont plusieurs doubles dans le portcfeuille de publication.

FALCK (J.)

165 — La vieille coquette. Belle épreuve avant toutes lettres.

FERDINAND

166 — *Poussin* (Nicolas), in-fol. Très belle éprcuve.

FESSARD (M.)

167 — Buste de Dorat dans un médaillon posé sur un tombeau, entouré d'une Muse et d'Amours, d'après Hoin, in-4. Très belle épreuve, marges.

FICQUET (Étienne)

168 — Portraits de Regnard. — J.-J. Rousseau. Trois pièces, dont une double.

FLAMENG (L.)

169 — *Adam* (Madame Edmond), d'après Henner. Epreuve avant la lettre, sur japon.

170 — Angélique, d'après Ingres. Epreuve d'artiste avant la bordure, sur chine.

171 — *Rubens* (Pierre-Paul). — *Forment* (Hélène), femme de Rubens. Deux portraits in-fol. faisant pendan's. Très belles épreuves d'artiste, avec croquis dans les marges du bas.

FORAIN (J.-L.)

172 — Croquis parisiens. Dix pièces.

FORTUNY (M.)

173 — Portrait de Vélasquez. Epreuve avant la lettre.

FRAGONARD (Honoré)

174 — Bacchanales. Deux pièces gravées à l'eau-forte. Belles épreuves.

175 — Saint Jérôme (21). — Guerrier devant un tribunal (24). Deux pièces. Belles épreuves.

FRAGONARD (d'après Honoré)

176 — L'Amour, sans nom de graveur. A Paris, chez Naudet, in-4. Belle épreuve.

177 — La cachette découverte, par R. de Launay. Très belle épreuve, marges.

178 — Le Contrat, par Blot. Bonne épreuve.

179 — La famille du fermier, par Beauvarlet. Très belle épreuve.

180 — Invocation à l'amour. — Paysage de l'Escarpolette dans lequel on a dessiné un autre sujet. Deux pièces. La première est avant la lettre.

181 — Ma chemise brûle, par Legrand. Très belle épreuve.

182 — On ne savise jamais de tout, par Patas. Très rare épreuve à l'état d'eau-forte, avant toutes lettres, grandes marges.

FRAGONARD (d'après Honoré)

183 — Les Pétards. — Les Jets d'eau. Deux pièces faisant pendants.
publiés chez Alibert. Belles épreuves avec marges.

184 — Le Poirier, in-4 pour les contes de Lafontaine, édition Didot. Très
belle épreuve avant toutes lettres.

185 — Spirat adhuc Amor, par le comte de Paroy. Epreuve imprimée
en bistre.

186 — Sujets mythologiques. Deux pièces ovales faisant pendants, gravées
par Legrand. Belles épreuves imprimées en couleur.

187 — L'Equitation. — Monsieur Fanfan. — Le chien malade. Trois
pièces. Belles épreuves.

FREUDEBERG (d'après S.)

188 — Le Boudoir, par P. Maleuvre. Très belle épreuve avant le numéro.

189 — L'Evénement au bal, par Duclos et Ingouf. Très belle épreuve
avant le numéro.

190 — La Matinée. Très belle épreuve, marges.

191 — La Promenade du soir, par Ingouf. Très belle épreuve.

192 — La Toilette, par Voyez l'aîné. Très belle épreuve.

193 — La Complaisance maternelle, par N. de Launay. Superbe épreuve,
toutes marges.

194 — La Gaieté conjugale, par de Launay. Belle épreuve.

195 — La Gaieté conjugale. — La Félicité villageoise. Deux pièces faisant
pendants, gravées par N. de Launay. Très belles épreuves, marges.

196 — Le Galant chirurgien. — Le Négociant ambulant. Deux pièces
gravées par Trière et Ingouf. Belles épreuves.

197 — Lison Dormoit, par Trière. Très belle épreuve, grandes marges.

GAILLARD (F.)

198 — Buste de cire du Musée de Lille, d'après Raphaël. Epreuve d'artiste
sur chine, signée du graveur.

GAILLARD (F.)

199 — L'homme à l'œillet, d'après Van Eyck. Très belle épreuve, sur chine.

200 — La même estampe, épreuve encadrée.

GALLE (Philippe)

201 — Les Saisons. Suite de quatre pièces in-fol. en largeur, d'après J. Stradan. Très belles épreuves. Rares.

202 — Bustes d'empereurs romains dans des entourages ornementés. Douze pièces. Belles épreuves.

GAUCHER (Ch.-Et.)

203 — *Cervantès*, d'après Queverdo. Epreuve de premier état, avant le nom sur la banderolle, marges.

204 — *Du Barry* (Mme la comtesse), d'après Drouais. In-8. Très belle épreuve, toute marges.

205 — A la mémoire de Jacques-Philippe *Le Bas*, d'après Cochin. In-8. Belle épreuve remargée.

206 — *Leczinska* (Marie), reine de France, d'après Nattier. Très belle épreuve.

GAUCHEREL et J. DE VERNEILH

207 — Le vieux Périgueux, album de vingt planches, 1867. Epreuves sur chine.

GELÉE (Claude)

208 — Le Passage du Gué. — Le Chevrier. — Mercure et Argus. — L'Enlèvement d'Europe. — Le Campo-Vaccino. — Apollon et les Saisons. Six pièces. Anciennes épreuves.

GERARD (d'après Mlle)

209 — L'Art d'aimer, par H. Gérard. Belle épreuve avant la lettre.

210 — Les Regrets mérités, par De Launay. Deux épreuves, dont une avant toutes lettres, sans marge.

211 — C'est pour lui que je les rassemble, par Vidal. Très belle épreuve, marges.

212 — Le Présent, par Vidal. Très belle épreuve, marges.

GÉRARD-FONTALLARD (H.)

213 — Histoire d'une épingle, par elle-même. En seize tableaux, dans la couverture de publication.

GÉROME (J.-L.)

214 — César mort. Epreuve du premier état, sur japon.

GHEYN (J. de)

215 — Actéon changé en cerf, d'après Th. Bernard. Très belle épreuve.

216 — *Bourbon* (Henri de), premier Prince de Condé. In-8. Très belle épreuve.

217 — Mascarades et figures grotesques. Suite complète de dix pièces. Belles épreuves.

GIBELIN (E.-A.)

218 — L'Unisson. — La Coalition. Deux pièces faisant pendants. Belles épreuves.

GILLOT (Claude)

219 — La Naissance. — L'Education. — Le Mariage. — Les Obsèques. Suite de quatre pièces. Très belles épreuves, grandes marges.

220 — La Naissance. — Diableries. Trois pièces. Très belles épreuves. marges.

GIRARDET

221 — Champ de Mai. Superbe épreuve avant toutes lettres, à l'état d'eau-forte, toutes marges.

GOURMONT (d'après J. de)

222 — *Charles, Cardinal de Lorraine*, in-8. Deux très belles épreuves.

GOYA (Francesco)

223 — La Taureaumachie, recueil de quarante estampes inventées et gravées à l'eau-forte…. Paris, Loizelet.

224 — Les Désastres de la Guerre. Madrid, 1863. Suite de quatre-vingt pièces en livraisons.

GRANDVILLE (J.-J.)

225. — Les passe-tems de la jeunesse et de la vieillesse. Neuf lithographies coloriées.

GREUZE (d'après J.-B.)

226 — L'Education d'un jeune Savoyard, pàr Aliamet. Très belle épreuve.

227 — Le Ménage ambulant, pàr Binet. Très belle épreuve, marges.

228 — Le tendre Désir, par C. Très belle épreuve, grandes marges.

229 — Le Malheur imprévu, par R. De Launay. Belle épreuve.

230 — La Veuve et son Curé, par J.-C. Levasseur. Très belle épreuve avant la lettre.

231 — La compassion, par Massard. Très belle épreuve. Rare.

232 — Etude du tableau de la dame de charité, par Massard. Très belle épreuve, marges.

233 — La Paresseuse. — Le Donneur de serénade, deux pièces faisant pendants, gravées par P.-E. Moitte. Très belles épreuves, grandes marges.

234 — La vraie mère, par Voyez. Très belle épreuve, marges.

235 — Le Ramoneur. — Les Premières leçons de l'amour, deux pièces gravées par Voyez. Belles épreuves.

236 — La mort de Marie-Madeleine. — La vieille gouvernante, deux pièces gravées par Hoin et Verendret. Très belles épreuves imprimés en bistre.

237 — Jeune enfant tenant un chien dans ses bras, gravé par Ingouf. Très rare épreuve à l'état d'eau-forte pure, avant toutes lettres, plus une épreuve avec la lettre. Deux pièces.

238 — Divers habillements suivant le costume d'Italie, suite de six pièces et un titre d'après Lallemand, gravées par Moitte. Très belles épreuves, marges.

239 — Retour sur soy-même. — Les Ecosseuses de poix. — Le Geste Napolitain, trois pièces gravées par Binet, Le Bas et Moitte. Belles épreuves.

240 — L'oiseau mort. — La prière à l'amour, deux pièces faisant pendants, gravées par J.-J. Flipart et Molès. Très belles épreuves.

GREUZE (d'après J.-B.)

241 — La Pelotonneuse. — L'Aveugle trompé. — La Privation sensible,
trois pièces gravées par Flipart, Cars et Simonet. Belles épreuves.

242 — La musique. — Diane. — Le petit frère. — Le petit Napolitain. —
Serena, cinq pièces gravées par Bause, Ingouf, Lucien, Gaillard et
Moitte. Très belles épreuves.

243 — Buste de jeune fille, sans nom de graveur. Superbe épreuve avant
toutes lettres, grandes marges.

244 — Offrande à l'amour. — Le fermier brulé. — La blanchisseuse,
trois pièces. Belles épreuves.

GUNST

245 — *Longueville* (Anne de Bourbon, duchesse de), d'après Van Hulle,
in-fol. Belle épreuve, marges.

GUTTENBERG

246 — Orage causé par l'impot sur le thé en Amérique. Très belle
épreuve, toutes marges.

HAMILTON (d'après)

247 — Winter, par Smith. Très belle épreuve à l'état d'eau-forte.

HELMAN

248 — Fanfan et Colas, d'après Bertaux. Très belle épreuve, marges.

HUBERT

249 — *Marie-Antoinette*, Dauphine de France, d'après d'Avene, in-8.
Très belle épreuve.

HUET (d'après J.-B.)

250 — Thétis écoute Protée qui lui prédit qu'elle aurait un fils plus
puissant que son père, — Leucothoé charmée de la beauté d'Apollon se laisse vaincre sans résistance. — Jupiter descend avec toute
sa Majesté dans le palais de Semelé. — La Nymphe Hesperie
fuyant Esaque qui l'aimait, suite de quatre pièces gravées par
Bonnet. Très belles épreuves imprimées en couleur.

HURET (G.)

251 — Titre pour : Histoire des guerres civiles de France. Deux épreuves,
dont une avant toutes lettres.

INCROYABLES

252 — La danse des croyables du temps passé. — La science du jour. Deux pièces. Très belles épreuves, marges.

ISABEY (d'après)

253 — *Leverd* (Mlle E.), gravé par Mecou. Très belle épreuve, toutes marges.

254 — Le même portrait. Très belle épreuve avant la lettre, sur chine, marges.

ISABEY (à Paris chez)

255 — Le cœur de la nation, in-4. Belle épreuve.

ISABEY et PERCIER (d'après)

256 — Costume de l'impératrice Joséphine le jour du sacre, gravé par P. Audouin. Très belle épreuve avant la lettre, marges.

JACQUE (Charles)

257 — Collection d'eaux-fortes par Ch. Jacque. Trente pièces. Epreuves sur chine.

JACQUEMART (J.)

258 — Défilé des populations Lorraines devant l'Impératrice, à Nancy, d'après Meissonier. Epreuve d'artiste.

JACQUET (Achille)

259 — Les mois, d'après A. Cabanel, suite de douze planches dans leur portefeuille de publication. Epreuves sur japon.

JANINET (F.)

260 — Mademoiselle *Colombe* l'aînée dans la Colonie, in-8. Belle épreuve imprimée en couleur.

261 — *Le Kain*, dans *Mahomet*, in-8. Très belle épreuve imprimée en couleur.

262 — *Saint-Huberti* (Mademoiselle), rôle de Didon, d'après Dutertre, in-8. Très belle épreuve, imprimée en couleur.

263 — Le même portrait. Belle épreuve imprimée en couleur.

264 — *Saint-Huberti* (Mme), de l'Académie Royale de Musique, d'après Le Moine. Belle épreuve imprimée en couleur.

JANINET (F.)

265 — Restes du palais du pape Jules, d'après H. Robert. Belle épreuve imprimée en couleur.

266 — Titre de la suite intitulée : Vues pittoresques des principaux édifices de Paris. A Paris, chez Lamy, 1792, in-8. Très belle épreuve imprimée en couleur.

JANINET et CHAPUY

267 — Vues des plus beaux édifices publics et particuliers de la ville de Paris, dessinées par Durand, Garbizza et Mopillé, architectes, et gravées par Janinet, J.-B. Chapuis, etc. Quarante-huit pièces en album.

JANINET et DESCOURTIS

268 — Vues de Suisse, d'après Wolff. Sept pièces. Belles épreuves imprimées en couleur.

JEAURAT (d'après Et.)

269 — La place des Halles. — Déménagement d'un peintre. — La place Maubert. Trois pièces gravées par Aliamet et Duflos. Très belles épreuves avec belles marges.

270 — L'Eplucheuse de salade, par Beauvarlet. Très belle épreuve, grandes marges.

271 — Les Eléments. Suite de quatre pièces gravées par Elizabeth, Marlié, Lépicié. Belles épreuves.

JEUX (Pièces sur les)

272 — Grand jeu de l'histoire ancienne de la Grèce. — Grand jeu de l'histoire de Rome depuis sa fondation jusqu'à César-Auguste, 2ᵉ empereur. — Jeu mythologique du Phenix. — Jeu du Grand-Homme. — Jeu instructif des merveilles de la nature et de l'art. Cinq pièces.

KIRK (T.)

273 — A Sleeping Nymph. Belle épreuve.

KLINGSTET (d'après)

274 — La rusée commère. — La belle surprise. — L'Apoticaire charitable. — La Pisseuse. — Le Pisseux. — La Toilette. — Le jeu de l'Anguille. — Les Petits Pieds. — Le Cabaret. — L'Amant pressé, etc. Quatorze pièces. Belles épreuves.

KNIGHT (C.)

275 — Cupid Désarmé, d'après Benwell. Pièce ovale imprimée en bistre
et sanguine.

KOHL (Cl.)

276 — Sirta. Jolie petite pièce in-8. Belle épreuve.

LAFONTAINE (Illustrations pour les contes de)

277 — Suite de 37 gravures in-fol. en largeur, d'après Paterre, Lancret,
Eisen, Boucher, Le Mesle, Laurin, Vleughels et Le Clerc, par de
Larmessin, Tardieu, Legrand, Sornique, Aveline, Fillœul. Très
belles épreuves, les vers du bas coupés.

LAJOUE (d'après J. de)

278 — Livre nouveau de morceaux de fantaisie, utile à divers usages.
Six pièces. Très belles épreuves, toutes marges.

LAJOUE et MONDON (d'après)

279 — Cartouches de guerre et ornements rocailles. Neuf pièces gravées
par Huquier et Aveline.

LALAUZE (Ed.)

280 — Entrée de Charles-Quint à Anvers, d'après Makart. Epreuve
d'artiste sur chine.

LAMI (Eugène)

281 — Les Contretems en caricatures. Vingt-trois lithographies en cou-
leurs dans la couverture de publication.

LAMI et MONNIER (H.)

282 — Voyage en Angleterre, 1830. Quatre livraisons contenant vingt-
quatre lithographies coloriées.

LANCRET (d'après)

283 — Les Oyes de frère Philippe. — Les Remois. — A femme avare,
galant escroc. Trois pièces gravées par de Larmessin. Belles
épreuves.

284 — Les Saisons. Suite de quatre pièces gravées par de Larmessin.
Belles épreuves.

LANCRET et GREUZE (d'après)

285 — L'Occasion fortunée. — La Mère en couroux. Deux pièces gravées par Scotin et Moitte. Belles épreuves.

LARDY (F.-G.)

286 — Tombeau de Jean-Jacques Rousseau, d'après Moreau le Jeune Très belle épreuve, grandes marges.

LARMESSIN (N. de)

287 — *Louis XIV*, in-fol. Très belle épreuve.

LARUE

288 — Livre des Arts, par F. Boucher. Suite de six pièces.

LASNE (Michel)

289 — *Jabach* (E.), amateur de dessins, in-fol. Belle épreuve.

290 — *La Vallette* (Bernard, duc de), in-fol. équestre. Très belle épreuve.

291 — Le même portrait équestre, copié par J. Verdolin, publié à Strasbourg, avec inscription en bas le donnant comme le portrait d'Henri IV.

LAVREINCE (d'après N.)

292 — Les Nymphes scrupuleuses, par Vidal. Très belle épreuve.

LAWRENCE (d'après sir Th.)

293 — *Master Lambton*, par Samuel Cousins. Belle épreuve.

LE BEAU

294 — *Artois* (Charles-Philippe, comte d'). — *Artois* (Marie-Thérèse, comtesse d'). Deux portraits in-8 faisant pendants, d'après Vanloo et Ferdink. Très belles épreuves avant les numéros.

295 — *Dorat*, d'après Queverdo, in-4. Très belle épreuve avant la lettre.

296 — *Du Barry* (Mme la comtesse), d'après Marillier, in-8. Superbe épreuve avant le numéro, toutes marges.

297 — *Louis XVI*, roi de France. — *Marie-Antoinette*, reine de France. Deux portraits en pied et en grand costume de cour, in-fol. Belles épreuves.

LE BEAU

298 — *Pompadour* (La marquise de), d'après Queverdo, in-8. Belle épreuve avant le numéro.

2)9 — *Saint-Huberti* (Mademoiselle), de l'Académie Royale de Musique, in-4. Belle épreuve, marges.

LE BLOND (A Paris, chez)

300 — L'Age d'erain. — L'Age de fer. — L'Age d'argent. Trois pièces, figures allégoriques de femmes en costumes du règne de Louis XIII. Très belles épreuves.

LE CAMPION ET JANINET

301 — Vues de Paris de forme ronde. Seize pièces imprimées en couleur.

LE CLERC (J.)

302 — *Médicis* (Marie de), debout en costume de veuve. In-8. Belle épreuve, remargée.

LE CLERC (d'après)

303 — Histoire de l'Enfant prodigue. Suite de six pièces gravées par De F., Basan, Moitte et Gaillard. Très belles épreuves, toutes marges.

LE CŒUR

304 — Blifil. Petite pièce in-8, ovale. Belle épreuve imprimée en couleur.

LEGEAY (J.-L)

305 — Motifs d'architecture et de vases ornés 1763. Vingt-six pièces en cahier, dont trois doubles.

LEGROS (A.)

306 — *Gambetta* (L.). In-4. Belle épreuve.

307 — La Mort et le Bûcheron. Très belle épreuve de deuxième état.

LE MESLE (d'après)

308 — Le Lutrin. Suite de huit planches gravées par Ouvrier, Fil'œul, Lucas, Pinssio et Chenu. Très belles épreuves.

LE MIRE et DROYER

309 — Jeanne *d'Arc.* — *Corneille* (P.). Deux portraits in-8. Belles épreuves.

LE MIRE et DUPONCHELLE

310 — *Louis XV*, Roi de France, épreuve avant les noms d'artiste et l'adresse. — *Leczinska* (Marie), Reine de France, d'après Nattier, avant le n°. Deux pièces. Très belles épreuves, marges.

LEMPEREUR (L.)

311 — *Le Comte* (Marguerite), d'après Watelet. In-4. Très belle épreuve, marges.

LE NATUR (J.)

312 — Le Directoire, portefeuille d'un incroyable. Cinq pièces; vingt-sept épreuves de différents tirages.

LE PAUTRE (J.)

313 — Caricature du Bibliophile français au xvii° siècle. In-4. Belle épreuve, rare.

314 — La pompeuse et magnifique Cérémonie du sacre du Roy Louis XIV, fait à Rheims le 7 juin 1654. *Paris. Edme Martin,* 1655. In fol., avec portrait de Louis XIV et trois grandes planches gravées par Le Pautre, demi-rel. Exemplaire dont le texte est monté sur des feuilles de papier de la grandeur totale des planches, et auquel on a ajouté dix estampes, dont cinq almanachs historiques représentant : Les Cérémonies du mariage du roy d'Espagne avec Mademoiselle,... Almanach pour l'an 1680. *A. Paris, chez N. Langlois.* — Gennes foudroyée par l'armée navale du Roy, commandée par M. Du Quesne. Almanach pour 1685. *Paris, N. Langlois.* — Louis le Grand donnant un prince aux Bourgognes. Almanach pour 1682. *Paris, Jean Moncornet.* — La Naissance de Msr le Duc de Bourgogne. Almanach pour 1683. *Paris, N. Langlois.* — La Feste troublée ou le Siège levé par l'arrivée des François. Almanach pour 1677. *A Paris, rue Saint-Jacques, au Séraphin.* — Les cinq autres pièces représentent : Le *Te Deum* chanté dans Notre-Dame, gravé par Marot. — Le véritable portrait de Notre-Dame, dite de la Paix. Philippon exc. — Dessin de fontaine inventé par le Sr Douceur (vue de la Bastille). — Pièces d'artillerie qui ont été fondues pour le service du Roy. Keller inv. ; Le Pautre sculp. — Triomphe médallique à la mémoire de messire Charles, comte de Rostaing. Le Pautre fecit.

LE PEINTRE (d'après Ch.)

315 — La Cage symbolique, par M. Fessard. Belle épreuve.

LEPRINCE (Xavier)

316 — Les inconvénients. Suite de douze lithographies coloriées.

L'ESPINASSE (d'après le Chevalier de)

317 — Vue intérieure de Paris, prise du milieu du Pont Royal, regardant le Pont-Neuf, gravé par Bertault. Belle épreuve, grandes marges.

318 — Vue intérieure de Paris, prise du milieu du Pont-Royal, regardant le Pont-Neuf. — Vue intérieure de Paris, représentant le port Saint-Paul, prise du quay des Ormes, vis-à-vis l'ancien bureau des coches d'eau. — Vue intérieure de Paris représentant le Port au blé, depuis l'extrémité de l'ancien Marché aux veaux jusqu'au Pont Notre-Dame, trois pièces gravées par Berthault. Superbes épreuves, toutes marges.

LEYDE (L. de)

319 — Caïn tuant Abel (B., 13). Belle épreuve.

320 — L'Adoration des mages (B., 37). Bonne épreuve.

321 — La Vierge dans un paysage (B., 84). Belle épreuve.

LINGÉE (C.-L.)

322 — *Raucourt* (Madame), de la Comédie Française, d'après Freudeberg et Moreau. In-folio. Très belle épreuve

MACRET (C.)

323 — *Marie-Antoinette*, Reine de France, d'après Madame Lebrun. In-4. Très belle épreuve imprimée en couleur.

MALLET (d'après)

324 — La Nouvelle intéressante, par Mixelle. Très belle épreuve imprimée en couleur, marges.

MANET (Ed.)

325 — L'Enfant à l'épée. — Danseuse espagnole. Deux pièces dont une avant la lettre.

326 — Plainte moresque (B. 65). Lithographie originale pour romance.

MARIAGE (L.-F.)

327 — *Saint-Simon* (Louis duc de), d'après Vanloo. In-8. Très belle épreuve, marges.

MARIN (L.)

328 — Jeune femme prenant son café. Très belle épreuve en couleur, avec la bordure dorée.

MARTIAL POTÉMONT (A.)

329 — La Butte Saint-Roch ou des deux Moulins et l'avenue de l'Opéra, quinze eaux-fortes. Epreuves sur japon.

330 — Lettre illustrée sur le salon de 1865. Vingt pièces.

331 — Paris intime. — Notes et eaux-fortes. Soixante planches en un album broché.

332 — L'Exposition universelle de Paris en 1878. Quarante-huit pièces sur chine.

333 — Annuaire des Beaux-Arts, 1875-1876. Soixante-cinq épreuves sur sur chine volant.

334 — Ancien Paris. Trois cents pièces. Epreuves sur chine.

MARTINET (Thérèse)

335 — Les méprises. — Le cercle. — L'homme dangereux. — Les courtisannes. — Les philosophes. — Repas de nos philosophes, etc. Sept pièces. Belles épreuves.

336 — Repertoire des spectacles de la cour. Très belle épreuve avant toutes lettres.

MASSARD (J.)

337 — *Gravelot* (H.), d'après La Tour, in-4. Deux épreuves, dont une avant l'adresse.

338 — Henri IV à Louis XVI. — L'impératrice Marie-Thérèse à sa fille. Deux pièces allégoriques faisant pendants. Belles épreuves avant la lettre.

MASSARD (à Paris chez)

339 — L'amour chatié par sa mère. Très belle épreuve, grandes marges.

MASSON (Ant.)

340 — *Chevreuse* (Ch. Hon. d'Albret, duc de), (R. D., 17). Belle épreuve.

MATHONNIÈRE (à Paris chez Nicolas)

341 — La statue équestre de Louis-le-Grand, sur son piédestal. Grande pièce in-fol , avec légende explicative. Très belle épreuve.

MAUZAISE

342 — *Prud'hon* (P.-P), in-4, en pied. Epreuve d'artiste, sur chine.

MEISSONNIER (Ernest)

343 — Les Reitres. Epreuve sur japon, encadrée.

344 — Le Fumeur, 1848. Belle épreuve sur chine.

345 — Monsieur Polichinelle, dirigé à droite. Trois épreuves.

346 — Polichinelle tourné à gauche. — Le Sergent recruteur. Deux pièces.

MEISSONNIER (d'après E.)

347 — Les Amateurs de peinture, par Flameng. Très belle épreuve avant la lettre sur chine.

348 — Le Sergent recruteur, par Hédouin. Epreuve sur chine.

349 — Les Amateurs d'Estampes, par Jacquemart. Deux épreuves d'artiste, dont une imprimée en brun et l'autre en sanguine.

350 — *Dumas* (Alexandre), gravé par Mongin. Trois épreuves d'artiste, dont une à l'eau-forte pure, signées du graveur. Deux sont sur chine.

351 — Une lecture chez Diderot, par Monziès. Epreuve à l'eau-forte pure, sur japon, avec dédicace.

352 — Le Bibliophile, par Monziès. Epreuve à l'eau-forte pure, avec croquis dans les marges, sur chine.

353 — Le Docteur (pour Paul et Virginie), gravé par Pigeot. Epreuve d'artiste, sur chine.

354 — Meissonnier lisant. par Flameng. — Homme endormi, par Gaucherel. — L'amateur, par Le Rat et Monziès. Sept pièces. Epreuves à l'état d'eau-forte pure et terminées, avant la lettre.

MEISSONNIER (d'après E.)

355 — OEuvres diverses. Paris, E. Lecadre, 1882. Cent-deux photogravures sur japon.

MENUT (Adolphe)

356 — Panorama lithographique. Cinq lithographies à coulisses. Epreuves coloriées.

MERCURY (P.)

357 — Sainte Amélie, d'après Paul Delaroche. Belle épreuve.

MERYON (Ch.)

358 — Le Petit Pont. — La Pompe Notre-Dame. — La Tour de l'Horloge. Trois pièces. Belles épreuves, sur chine.

359 — La Tour de l'Horloge. — Tourelle de la rue de la Tixeranderie. Deux pièces. Très belles épreuves.

360 — Passerelle du Pont-au-Change, après l'incendie de 1621. — Ministère de la Marine. — Rébus. Trois pièces. Belles épreuves.

M. G.

361 — *Madame Elisabeth*. Petit buste dans un médaillon posé sur un tombeau, in-8. Très belle épreuve, marges.

MICHEL (J.-B.)

362 — *Clairon* (Hippolyte de la Tude), d'après Pougin de Saint-Aubin. In-fol. Très belle épreuve, marges.

363 — *Le Kain* (Henry-Louis). — *Clairon* (Hippolyte de la Tude). — *Dangeville* (Marie-Anne Botot). Trois portraits in-fol., d'après Huquier et Pougin de Saint-Aubin. Belles épreuves.

MONNIER (Henry)

364 — Récréations. 6 pièces. — Chansons de Béranger. — Henry Monnier dans la famille improvisée. Trente pièces coloriées.

MONTCORNET (B.)

365 — *Montpensier* (Anne-Marie de Bourbon, duchesse de). — *Anne d'Autriche*, reine de France. Deux portraits in-8. Belles épreuves.

MOREAU LE JEUNE (J.-M.)

366 — L'Assemblée des États-Généraux. Belle épreuve avant la lettre, remargée sur les côtés.

367 — Constitution de l'Assemblée Nationale. Très belle épreuve avec les noms des députés en bas.

368 — *Louis-Auguste*, Dauphin de France, d'après Hall. — *Louis XVI* au milieu de figures allégoriques, gravé par N. Le Mire, d'après Moreau. Deux pièces. Belles épreuves.

MOREAU LE JEUNE (d'après J.-M.)

369 — *Elisabeth*, impératrice de Russie, gravé par Defehrt. In-8. Belle épreuve.

370 — Couronnement de Voltaire sur le Théâtre-Français, le 30 mars 1778, après la sixième représentation d'Irène, gravé par Gaucher. Très belle épreuve avec les armes et la dédicace à la marquise de Villette.

371 — Exemple d'humanité, donné par Mme la Dauphine, le 16 octobre 1773, gravé par Godefroy. Belle épreuve.

372 — Le Gâteau des Rois, par Le Mire. Belle épreuve.

373 — Marie-Antoinette secourant les pauvres, par A. J. Duclos, in-8. Belle épreuve, toutes marges.

374 — Le Matin. Belle épreuve.

375 — Vue de la place Louis XV, gravée par Tilliard. Belle épreuve.

376 — Monument du Costume physique et moral de la fin du dix-huime siècle, ou tableaux de la vie, ornés de figures, dessinées et gravées par M. Moreau le Jeune..... A Neuwied, 1789. Vingt-six pièces, avec texte.

377 — La France pleure la mort de Louis XV. — La Gloire rappelle les victoires de Louis XV, 1774. Deux pièces en largeur, gravées par N. de Launay et Lempereur. Trois épreuves.

MOREAU ET QUEVERDO

378 — Les sollicitations pressantes, pour les chansons de Laborde. — Sujets gracieux, pour almanach. Huit pièces, dont trois doubles.

MOREAU (d'après L.)

On y court plus d'un danger. — Le Villageois entreprenant. Deux
pièces faisant pendants, gravées par Patas. Belles épreuves coloriées.

MULLER (J.-G.)

380 — *Le Brun* (Louise-Elisabeth-Vigée), d'après elle-même, in-fol. Très
belle épreuve, toutes marges.

NANTEUIL (Robert)

381 — *Castelnau* (Jacques, marquis de), maréchal de France (R. D. 58).
Très belle épreuve.

382 — *Castelnau* (Jacques, marquis de) (58). — *Chamillard* (Gui),
maitre des requêtes de l'Hôtel de Ville (59). Deux pièces. Belles
épreuves.

383 — *Chapelain* (Jean), membre de l'Académie Française (60). Deux
très belles épreuves des premier et second états.

384 — *Charles II*, de Gonzague, duc de Mantoue (62). — *Charles de
Lorraine*, V° du nom (63). — *Chavigny* (Léon le Bouthillier,
comte de) (66). Trois portraits. Très belles épreuves.

385 — *Christine*, reine de Suède, d'après S. Bourdon (67). Très belle
épreuve avec marges, plus le même portrait gravé par Tanjé. Deux
pièces.

386 — *Fouquet* (Nicolas), surintendant des finances (68). Superbe
épreuve avec marges.

387 — *Hesselin* (Louis), conseiller d'Etat (109), deuxième état. — *La
Meilleraye* (Charles de la Porte, duc de), maréchal de France.
Deux portraits. Très belles épreuves.

388 — *Lamoignon* (Guillaume de), premier président du Parlement de
Paris (120). — *Ligny* (Dominique de), évêque de Meaux (145).
Deux portraits. Très belles épreuves.

389 — *Louis XIV*, roi de France, d'après Mignard (152). Belle épreuve.

390 — *Mazarin* (Jules), cardinal, ministre d'Etat (175), premier état. —
Le même personnage, représenté assis dans sa galerie (185). Deux
portraits. Belles épreuves.

NANTEUIL (Robert)

391 — *Ménage* (Gilles), homme de lettres (188). Belle épreuve du premier
état.

392 — *Nemours* (Henri de Savoie, duc de). Deux portraits différents
(R. D., 198 et 199). Belles épreuves.

393 — *Neufville* (Ferdinand de), évêque de Chartres (204), deuxième
état. — *Regnauldin* (Claude), procureur général au Grand Conseil
(216), premier état. Deux portraits. Très belles épreuves.

394 — *Séguier de Saint-Brisson* (Pierre), prévôt de Paris (224). Trois
très belles épreuves.

395 — *Servien* (François), évêque de Bayeux (225). Deux épreuves des
premier et troisième états.

396 — *Servien* (François), évêque de Bayeux (225), premier état. —
Talon (Denis), président à mortier au Parlement de Paris (229).
Deux pièces. Très belles épreuves.

397 — *Thévenin* (Claude), chanoine de l'Eglise de Paris (231). — *Voiture*
(Vincent), membre de l'Académie Française (234). Deux portraits.
Belles épreuves.

398 — *Thevenin* (Claude), chanoine de l'Eglise de Paris (231). Très belle
épreuve du deuxième état.

NANTEUIL (Célestin)

399 — Titre pour la bibliothèque romantique. Trois épreuves.

NATTIER (d'après)

400 — La chasseuse aux cœurs, par B.-L. Henriquez (Mlle de Beaujolais).
Très belle épreuve, marges.

401 — La Nuit passe, l'Aurore paraît, par Maleuvre (Portrait de Mme de
Mailly). Très belle épreuve.

402 — Madame de *** en flore (Mme de Pompadour ?), gravé par Voyez
le Jeune. Très belle épreuve, grandes marges.

NAUDET (A Paris, chez)

403 — La Désolation des filles de joie. Très belle épreuve, plus la copie
de même grandeur, en contre partie. Deux pièces.

NÉE

404 — Chambre de Voltaire, à Ferney, d'après Duché. Belle épreuve avant la lettre, marges.

NÉE et MASQUELIER

405 — Les garants de la félicité publique, d'après Saint-Quentin. Très belle épreuve, grandes marges.

NETSCHER (d'après G.)

406 — Offrande à Vénus, par D. Dugourc. Très belle épreuve avant la lettre.

NÉVIANCE (Victoire)

407 — *Marie-Antoinette*, reine de France, in-12. Belle épreuve, remmargée.

ORLÉANS (Ferdinand, duc d')

408 — Croquis lithographiques, 1830. Cinq lithographies en album ; on y a joint sept aqua-teintes et eaux-fortes du même auteur. En tout douze pièces, très rares.

OUDRY (d'après J.-B.)

409 — Planches pour les fables de La Fontaine, gravées par J.-J. Pasquier, Ouvrier, Marvye, Tardieu, Chedel, etc. Edition de 1755-1759. Trente-huit pièces avant toutes lettres, presque toutes à l'état d'eau-forte pure.

PARIS (Pièces sur)

410 — Paris incendié, par Martial. Douze pièces. — Paris sous la Commune, par Martial. Douze pièces. — Saint-Cloud brûlé, par Pierdon. Douze pièces. — Souvenirs artistiques du Siège de Paris, par M. Lalanne. Douze pièces. — Paris pendant le Siège, par Martial. Douze pièces. — Paris et ses Avant-Postes, par L. Desbrosses. Douze pièces. En tout soixante-douze pièces dans leurs couvertures de publication.

PARIZEAU (P.-L.)

411 — Etudes de figures d'après nature. — Sacrifices. — Figures drapées, etc. Quatre-vingt-douze pièces.

PARROCEL (d'après Ch.)

412 — Les heures du jour. Suite de quatre pièces gravées par Le Bas. Très belles épreuves, marges.

PASQUIER (J.-B.)

413 — Pensée à la Reine. Petit buste de Marie Leczinska dans un médaillon posé sur une branche de pensées, in-8. Très belle épreuve.

PASSE (Crispin de)

414 — Les sept vertus en opposition avec les sept péchés capitaux. Suite de sept pièces. Très belles épreuves.

415 — *Valois* (Marguerite de), reine de Navarre. in-8. Belle épreuve.

PATER (J.-B.)

416 — Visite au camp, gravé à l'eau-forte. Belle épreuve.

PATER (d'après J.-B.)

417 — Le Dénicheur de Moineaux, par Claude du Bosc. Très belle épreuve, marges.

418 — Le Baiser donné. — Le Baiser rendu. Deux pièces faisant pendants, gravées par Fillœul. Belles épreuves, marges.

419 — Visite au camp. Belle épreuve, sans marge.

420 — Planches pour le Roman comique de Scarron, gravées par Surugue, Lépicié et Audran. Sept pièces. Superbes épreuves avant toutes lettres, dont six avec toutes leurs marges.

PENCZ (G.)

421 — Marc Curce se dévouant à sa patrie (B., 75). — Regulus (77). Deux pièces. Belles épreuves.

PERELLE

422 — Veües des belles maisons de France. A Paris, chez N. Langlois. Deux cent cinquante pièces reliées en album. Très bel exemplaire dans son ancienne reliure.

PETERS (d'après)

423 — L'Amour maternelle, par Chevillet. Très belle épreuve.

PETIT

424 — *La Fontaine Solare de la Boissière* (Marie G.-L. de), d'après de La Tour. In-fol. Très belle épreuve.

PETITOT (d'après E.-A)

425 — Veduta del Boschetto d'Arcadia dalla parte de principo, gravé par Volpato. Belle épreuve.

PETITY (J.-R. de)

426 — Les Vœux de la France... Médaillons allégoriques pour le mariage du Dauphin, 1770, par Jean Raymond de Petity, prédicateur.. .. Paris, P. Chenu. Suite de six pièces et un titre, dessinés par Lélu et Gravelot.

PICQUET

427 — *Essertines* (François de Molière, S^r d'), d'après Dumoustier, in-8. Belle épreuve.

PITAU (N.)

428 — *Louis XIV*, d'après C. Le Febvre, in-fol. Belle épreuve.

POILLY (F.)

429 — *Louis XIV*, roi de France, d'après Mignard, in-fol. Très belle épreuve, marges.

430 — *Louis XIV*, d'après Mignard. Au bas, le roi tenant son lit de justice, in-fol. en largeur. Très belle épreuve.

431 — *Louis XIV* jeune, d'après Mignard, in-fol. Très belle épreuve, marges.

432 — *Louis XIV*, d'après Mignard, in-fol. Belle épreuve.

433 — *Louis XIV*, in-fol. Très belle épreuve.

434 — *Louis XIV*, d'après Georgius, in-fol. Très belle épreuve.

435 — *Condé* (Louis II de Bourbon, Prince de), dit le Grand Condé, in-fol. Très belle épreuve.

436 — *Montpensier* (Anne-Marie-Louise d'Orléans, duchesse de), en Minerve, in-fol. Belle épreuve, grandes marges.

437 — *Orléans* (Philippe d'), d'après Nocret, in-fol. Très belle épreuve.

POISSON

438 — Vue de la place Louis XV, in-fol. en largeur. Belle épreuve.

PONTIUS (Paul)

439 — *Ferdinand* d'Autriche, Cardinal, d'après Van Dyck, in-fol. Très belle épreuve.

440 — *Ferdinand*, archiduc d'Autriche, d'après Rubens, in-fol. à cheval. Très belle épreuve.

441 — *Léopold-Guillaume*, gouverneur des Pays-Bas, d'après Fr. Luycken, in-fol. Très belle épreuve.

442 — *Rubens* (Pierre-Paul), d'après lui-même, in-fol. Très belle épreuve, marges.

PRIEUR (L.)

443 — Cahier d'arabesques, dix pièces. Belles épreuves avec marges.

PRUD'HON (d'après P.-P.)

444 — En jouir, par Copia. Très belle épreuve avant la lettre, toutes marges.

445 — Triomphe de l'Empereur. — Aminta. Deux pièces gravées par Roger. Belles épreuves.

446 — *Talleyrand-Périgord* (Charles-Maurice de), gravé par J.-B. Chapuy. Deux très belles épreuves avec marges.

447 — Le même portrait. Superbe épreuve avant toutes lettres.

QUEVERDO

448 — Nouveau calendrier de la République Française, pour la 2me année, in-4. Très belle épreuve.

QUEVERDO (d'après F.-M.)

449 — Les Baigneuses, par Dambrun. Rare épreuve à l'eau-forte pure, avant toutes lettres.

450 — Le levé de la Mariée, par Dambrun. Belle épreuve.

451 — *Corday* (Marie-Anne-Charlotte), écrivant une lettre; en bas, la scène de l'assassinat, in-8. Très belle épreuve.

RAFFET (Auguste)

452 — Combat d'Oued-Alleg.. Epreuve sur chine.

RAFFET (Auguste)

453 — Le Drapeau du 17ᵉ léger. — Le Colonel du 17ᵉ léger. Deux pièces, Epreuves sur chine.

454 — Prise de Constantine. Suite de douze lithographies. Epreuves sur chine dans leur couverture de publication.

455 — Retraite de Constantine. Suite de six lithographies. Epreuves sur chine dans leur couverture de leur publication.

RAJON

456 — A la Saint Nicolas, d'après J. Steen. Epreuve d'artiste, avant toutes lettres.

RAMBERG (H.)

457 — Le Poirier. — Le Villageois qui cherche son veau. — La Jument du compère Pierre. — Joconde. Quatre pièces pour les contes de Lafontaine. Belles épreuves en couleur.

REMBRANDT

458 — Le Bourgmestre Six (B. 285). Belle épreuve.

459 — La Femme à la calebasse, deux épreuves. — Gueux se chauffant les mains. — Gueux estropié. Quatre pièces. Belles épreuves.

RENOUARD (Paul)

460 — Eaux-fortes sur l'Opéra. Trente-une pièces dans cinq couvertures. Epreuves signées.

RÉVOLUTION (Pièces sur la)

461 — La Poule d'Autruyche. Caricature sur Marie-Antoinette. Très rare.

RIGAUD (J.)

462 — Recueil choisi des plus belles vues des palais, châteaux et maisons royales de Paris et des environs, dessinées d'après nature et gravées par J. Rigaud, au nombre de cent-six pièces. A Paris, chez Chereau et chez Basan. En album, dos et coins de chagr. brun. tête dor.

ROMANET (A.)

463 — *Villeneuve Vence de Saint-Vincent* (Dame Julie de), petite-fille de Mme de Sévigné. In-4. Très belle épreuve, marges.

ROPS (F.)

464 — Celle qui fait celle qui lit Musset. Très belle épreuve.

465 — L'Oracle du hameau. Très belle épreuve, signée.

466 — L'Oracle du hameau. Très belle épreuve sur japon, signée.

467 — Plénipotentiaire. Epreuve du premier état, sur japon, signée.

468 — Titres : Fleurs lascives. — Les exercices de dévotion. — Les Cousines de la Colonelle. Trois pièces.

469 — Paysage Brabançon. — La Bucheronne. Deux pièces. Très belles épreuves.

470 — Le Train des maris. Très belle épreuve signée.

471 — La Grève (petite planche). Très belle épreuve, signée.

472 — Les Amusements des dames de Bruxelles. — Adresse de Nys, imprimeur. Deux pièces. Belles épreuves.

473 — Les jeunes France, de Th. Gautier. Deux épreuves, dont une imprimée en bistre.

474 — *Menus* : Le Paon. — Le Cochon nimbé. — Le Jokey. — Le Cheval rôti. — Le Dindon. — *Lettrine* : Violettes de Mme Jeanne. Six pièces. Très belles épreuves sur papier ancien.

475 — Ma Colonelle. Très belle épreuve avec les croquis, signée.

476 — La Femme à la fourrure, assise (petite planche). Très belle épreuve.

477 — Le Vol et la Prostitution dominant le monde. Très belle épreuve signée.

478 — La Poupée du Satyre. Deux très belles épreuves signées ; une est sur japon.

479 — Rimes de joie. Très belle épreuve.

480 — Petite affiche de Rimes de joie. Très belle épreuve.

ROPS (F.)

481 — OEuvres inutiles et nuisibles. Deux pièces. Epreuves d'artiste.

482 — Le plus bel amour de Don Juan. — La Messe de Gnide. — Fleur
lascive. — Chansons de Collé, etc. Huit pièces. Belles épreuves.

483 — Le Major est difficile. — L'Enlèvement. — L'Idole, etc. Six pièces
sur Japon et Hollande, signées.

484 — Frontispice de Curieuse, par Péladon. Très belle épreuve sur Japon, signée.

485 — L'Attrapade. Trois épreuves d'artiste de trois états différents.

486 — Au Dieu des bonnes gens. -- L'Art priapique. — Le Parnasse sa-
tyrique. — Les Aphrodites.— Gaspard de la nuit. — Point de len-
demain. — Les Épaves, de Beaudelaire. — Tableaux des mœurs du
temps. Huit pièces. Epreuves sur Chine volant.

487 — Frontispice pour Les Exercices de dévotion de Monsieur Roch.
Epreuve d'artiste.

488 — Frontispice de Bibliotecum erotica. Epreuve sur chine.

489 — Suite de dix-huit eaux-fortes pour les Cithéres parisiennes, de
A. Delvau, 1864. Très rares épreuves d'essai tirées sur la même
feuille, en plus la même suite, épreuves séparées.

ROPS (d'après F.)

490 — Mademoiselle de Maupin. Deux épreuves d'artiste, avec la remar-
que. Sur Japon.

ROUSSEAUX (E.)

491 — *Sévigné* (Marie de Rabutin-Chantal, Marquise de), d'après Nan-
teuil. Très belle épreuve sur Chine.

ROWLANDSON (T)

492 — Madame Very, restaurateur. Palais-Royal. — La belle Limonadière
au Caffée des Mille Colonnes, Palais-Royal. Deux compositions gravées sur une même planche. Très belle épreuve en couleur.

SAINT-AUBIN (Aug. de)

493 — *Cochin (C.-N.)*, d'après lui-même. In-4. Très belle épreuve, marges.

494 — *Crébillon* fils (J. de), d'après J.-C. Gastinel. In-8. Belle épreuve.

495 — *Linguet* (S.-N.-H.). Deux portraits différents d'après Greuze et Vincent. Belles épreuves.

496 — *Necker* (M.), d'après Duplessis. In-folio. Belle épreuve, marges.

497 — Titre de : Commentaires sur la Henriade, d'après Marillier. In-8. Très belle épreuve, marges.

498 — Frontispice des Pierres gravées du duc d'Orléans avec son portrait, d'après Cochin. Deux très belles épreuves avec grandes marges.

SAINT-AUBIN (Gabriel de)

499 — Laban cherchant ses Dieux (P. de Baudicour 1) Très belle épreuve du 1er état, avant toute lettre. Très rare.

SAINT-AUBIN (d'après G. de)

500 — Ballet dansé au théâtre de l'Opéra dans le Carnaval du Parnasse par F. Basan. Très belle épreuve, marges.

SANZIO (d'après Raphaël)

501 — Sole. — Giove. — Venere. — Marte. — Saturno. — Mercurio. — Luna. Suite des sept planètes représentées dans des chars, gouachés avec le plus grand soin.

SAVART (Pierre)

502 — *Bayle* (P.), 1774. Deux pièces, dont une avant toutes lettres.

503 — *Mme Deshoulières.* — *Condé.* — *J. d'Alembert.* — *Catinat.* Cinq portraits, dont un double.

504 — *Racine* (Jean) (F., 30). Deux épreuves, dont une du deuxième état, les noms des artistes tracés à la pointe et avant l'adresse.

505 — *Montesquieu.* — *F. Rabelais.* — *La Bruyère.* — *Le Tasse.* Six portraits, dont un en double.

506 — *Louis XIV*, d'après H. Rigaud. — *J. Racine*, d'après J.-P. Santerre. Trois portraits, dont un double.

SAVART (Pierre)

507 — *Boileau. — Colbert*, deuxième état. — *Crébillon. — Christian VII Louis XVI*, par Mlle Savart. Sept portraits, dont deux doubles.

SAYER (R.)

508 — Le lever du philosophe de Ferney, in-8. Très belle épreuve, marges.

SCHALL (d'après F.)

509 — La Pantoufle, par Marchand. Belle épreuve avant la lettre, sans marge.

510 — Les oies de frère Philippe. — Le Gascon puni. — La servante justifiée. — Le Cuvier. — Le Bât. Cinq estampes gravées par Lindor de Toulouse. Belles épreuves.

511 — Virginie demandant la grâce d'une négresse. — Paul et Virginie retrouvés par Domingue. — Visite du gouverneur à Mme Delatour. — Naufrage de Virginie. Quatre pièces en couleur.

512 — Trois sujets pour l'histoire de Don Quichotte, publiées chez Jazet. Epreuves en couleur.

SCHENAU (d'après J.-E.)

513 — La Lanterne magique. — L'Origine de la peinture ou les portraits à la mode. Deux pièces faisant pendants, gravées par J. Ouvrier. Belles épreuves.

514 — Le Marchand de Rogome. — La fille rusée. Deux pièces faisant pendants, gravées par Germain et Prévost. Très belles épreuves.

515 — Le Chariot renversé. — La Brouette par terre. Deux pièces faisant pendants, gravées par Varin. Très belles épreuves, grandes marges.

SCHENKER (N.)

516 — La Naïveté. — La Liseuse, d'après Massol. Deux pièces. Belles épreuves.

SCHMIDT (G.-F.)

517 — *Prévost* (Antoine-François). Aumonier du prince de Conti. Deux très belles épreuves avec marges.

SCHMIDT (G.-P.)

518 — Portrait d'un jeune seigneur, d'après Rembrandt (J., 124). Très belle épreuve.

519 — Les Polichinelles. Deux pièces faisant pendants, d'après Tiepolo. Très belles épreuves, marges.

SCHONGAUER (Martin)

520 — Saint Jean-Baptiste (B., 54). Belle épreuve doublée et restaurée ; la partie blanche de l'estampe est rapportée.

SCHULTZE (C.-G.)

521 — *Joseph II*, empereur et roi des Romains, d'après Kimli, in-fol. Très belle épreuve avant la lettre, marges.

SCHUPPEN (P. Van)

522 — *Arnauld* (la Mère), abbesse de Port-Royal, d'après Ph. de Champagne. — *Berthelot* (Catherine Germain, veuve de Simon). Deux portraits in-4. Belles épreuves.

523 — *Deshoulières* (Mme), d'après Mlle E. Chéron, in-8. Belle épreuve.

SERGENT (A.)

524 — Le Baquet de Mesmer. Belle épreuve imprimée en couleur, remmargée.

SEYMOUR-HADEN

525 — Eghan. — Old Chelsea, vue de la fenêtre de Whissler. Deux pièces

SILVESTRE (I.)

526 — Perspective de la ville de Paris, veue du pont des Tuileries. Très belle épreuve.

527 — Profil de la ville de Poissy. Belle épreuve, toutes marges.

528 — Vues de Versailles. Trois pièces.

529 — Vues des châteaux de Coulomniers et de Fresnes. Quatre pièces.

530 — Vues d'Avignon. Cinq pièces.

531 — Vues de Lyon. Cinq pièces.

SILVESTRE (I.)

532 — Vues de Fontainebleau. Douze pièces.

533 — Vues du château de Tanlay et des environs. Quinze pièces.

534 — Vue de Rueil. Vingt pièces.

535 — Vues d'Italie. — Vues du Louvre et des Tuileries. — Vues de France. Album contenant trente-deux pièces, dont sept sur Paris. Très belles épreuves.

SMITH (J.-R.)

536 — Charlotte at the tomb of Werter. Superbe épreuve en couleur.

SOMER (P. Van)

537 — *Louis le Grand,* roi de France et de Navarre, in-fol. équestre. Très belle épreuve.

SOMPEL (P. Van)

538 — *Orléans* (Gaston, duc d'), d'après Van Dyck. Très belle épreuve du premier état avant le numéro.

539 — *Ferdinand,* Infant d'espagne, d'après Van Dyck. Belle épreuve du premier état avant le numéro.

SOUFFLOT (d'apres J.-G.)

540 — Plan, coupe et élévation perspective de la nouvelle église Sainte-Geneviève. Suite de quatre pièces in-8. Belles épreuves avec marges.

SUBLEYRAS (d'après)

541 — Le frère Luce, par Elluin. In-4. Très belle épreuve, mages.

SUYDERHOEF (J.)

542 — *Charles-Quint,* d'après le Titien (W. 15). Très belle épreuve du premier état, avant le numéro, marges.

543 — *Ferdinand III,* d'après P. Soutman (26). Très belle épreuve du premier état.

544 — *Isabelle-Claire-Eugénie,* Infante d'Espagne, d'après P.-P. Rubens (44). Belle épreuve du premier état.

SUYDERHOEF (J.)

545 — *Philippe III*, d'après P. Soutman (65). Très belle épreuve du premier état, avant le numéro.

546 — *Philippe III*, roi d'Espagne, d'après P. Soutman (65). Très belle épreuve du premier état.

TARDIEU (J.)

547 — *Oudry (J.-B.)*, d'après N. de Largilière. In-fol. Belle épreuve.

548 — *Villars* (Mme de), sous la figure de sainte Geneviève. In-folio. Très belle épreuve.

TASSAERT

549 — *Corday* (Charlotte), coiffée d'un chapeau, d'après Hauer. In-folio. Très belle épreuve.

TOPOGRAPHIE

550 — Plans et vues de Versailles. Six pièces.

551 — Cartes, plans et titres divers. Onze pièces.

TROLL

552 — Vues des jardins et du palais des Tuileries. Huit pièces en album.

TROLL et SCHWARTZ

553 — Vues du Palais-Royal et des Tuileries. In-4. Seize pièces.

TROUVAIN

554 — Mesdemoiselles *Loison*, représentées debout, sur une même planche. In-fol. Très belle épreuve.

TURNER (C.)

555 — Hebé, d'après Huet-Villiers, 1814. Très belle épreuve imprimée en couleur, marges.

VALÉE

556 — Madame *Valée*, vue jusqu'aux genoux, cueillant des fleurs qu'elle dépose dans une corbeille tenue par un négrillon, d'après Rigaud. In-fol. Très belle épreuve, marges.

VALLÉE (à Paris, chez)

557 — Demande inutile. In-4, en bistre. Belle épreuve.

VANLOO (d'après C.)

558 — La Sultane, par Beauvarlet. Superbe épreuve avant toutes lettres. marges.

559 — La Chasse à l'Ours, par J.-J. Flipart. Belle épreuve.

VARIN

560 — La Danse du Peccata. — La Danse de l'Ours. Deux pièces faisant pendants. Très belles épreuves, grandes marges.

VÉRAN

561 — Joconde. — Le faucon. — La clochette. Trois pièces in-4, en travers pour les contes de Lafontaine, gravées au trait et coloriées. Belles épreuves.

VERMEULEN (C.)

562 — *Catinat* (Nicolas de), Maréchal de France, in-fol. Très belle épreuve, marges.

563 — *Mignard* (Pierre), d'après lui-même, in-fol. Très belle épreuve.

VERNET (d'après J.)

564 — Sujets tirés des ports de France, cinq pièces gravées par Le Bas. Très belles épreuves.

VERNET (d'après C.)

565 — Les Incroyables, par Darcis. Belle épreuve imprimée en couleur.

VERNET (H.)

566 — Son œuvre lithographié en 224 pièces reliées en 1 vol., grand in-fol. cart. Très belles épreuves.

VIDAL

567 — *Louis XVI*, roi de France. — *Marie-Antoinette*, reine de France. Deux portraits in-12. Belles épreuves.

VILLEREY

568 — *C.-F. Mercier*, littérateur, in-18, Cazin. Très belle épreuve avant toutes lettres.

VINKELÈS

569 — Entrée des troupes françaises à Amsterdam. Deux épreuves avant toutes lettres, dont une à l'état d'eau-forte pure. Rare.

VISSCHER (J.-C.)

570 — Chasses, suite de dix pièces avec titre, en forme frises, d'après David Vinkenboons. Très belles épreuves.

VISSCHER (L.)

571 — *Witt* (Jean de), grand pensionnaire de Hollande. Deux très belles épreuves, en deuxième et troisième états.

VLEUGHELS (d'après)

572 — Frère Luce, par de Larmessin. Belle épreuve avant l'adresse de Buldet.

573 — L'Amour indiscret, par Surugue. Belle épreuve, marge.

VORSTERMAN (L.)

574 — *Léopold-Guillaume*, Archiduc d'Autriche, gouverneur des Pays-Bas, d'après Vanden-Hoecke. Deux très belles épreuves, dont une avec grandes marges.

575 — *Longueval* (Ch. de), comte de Buquoy, général, d'après Rubens, in-fol. Très belle épreuve.

576 — *Piccolomini* (Octave, comte de), général, d'après G. Seghers. Très belle épreuve.

VRIESE (J. Vredman)

577 — Hortorum viridariorumque elegantes...delineatae à Johanne Vredmanno Frisio, 1583. — Pictores, Statuari, architecte... Ioanni Vredemanni... 1563. En tout quatre-vingt-quatorze pièces, la plupart en album.

WALTNER (Ch.)

578 — Roméo et Juliette, d'après Dicksée. Superbe épreuve d'artiste, sur chine.

579 — L'Antichambre, d'après Fortuny. Epreuve avant la lettre, signée du graveur.

WATTEAU (Ant.)

580 — La Troupe Italienne (de G. 1). Bonne épreuve.

581 — L'Amour mal accompagné, par Dupin (34). Belle épreuve, marges.

582 — Fêtes au dieu Pan, par M. Aubert (40). Belle épreuve, marges.

583 — Pomone, par Boucher (41). Très belle épreuve, marges.

584 — Comédiens français, par J.-M. Liotard (64). Très belle épreuve.

585 — *Arlequin, Pierrot et Scapin*, par L. Surugue (75). Très belle épreuve, grandes marges.

586 — Amusements champêtres, par B. Audran (104). Très belle épreuve.

587 — Les deux cousines, par Baron (124). Très belle épreuve.

588 — La Danse champêtre, par Dupin (126). Très belle épreuve.

589 — La Famille, par P. Aveline (134). Très belle épreuve.

590 — L'Ile de Cythère, par N. de Larmessin (140). Très belle épreuve.

591 — La même composition, gravée de format plus grand, par P. Mercier. Belle épreuve. Rare.

592 — Sous un habit de Mezetin, par Thomassin (178). Belle épreuve toutes marges.

593 — La chute d'eau, par J. Moyreau (192). Belle épreuve.

594 — La même estampe. Belle épreuve.

595 — La cause badine, par Moyreau (291). Belle épreuve.

596 — Paravent de six feuilles. Suite de six pièces gravées par L. Crépy fils (309-314). Très belles épreuves.

597 — Arabesques représentant les Saisons, gravées par Guyot. Très belles épreuves imprimées en bistre, marges.

598 — La Danse autour d'un May, arabesque en hauteur. Très belle épreuve. Rare.

WATTEAU (Ant.)

599 — Le Galant Jardinier. — L'amour paisible. Deux pièces gravées par de Favannes et imprimées sur une même feuille. Très belles épreuves, toutes marges.

600 — L'Indiscret, par Aubert. Très belle épreuve.

601 — Louis XIV mettant le cordon bleu à Mgr le duc de Bourgogne, par N. de Larmessin. Rare épreuve à l'état d'eau-forte, sans marge.

602 — La même estampe. Très belle épreuve.

603 — La Marmotte. — La Fileuse. Deux pièces faisant pendants, gravées par B. Audran et imprimées sur la même feuille. Très belles épreuves, grandes marges.

604 — Le May. — Partie de Chasse. Deux pièces arabesques en hauteur, gravées par Aveline et Scotin. Belles épreuves.

605 — Partie quarrée, par P. Mercier. Belle épreuve.

606 — Les Plaisirs de l'Été, par V. M. Picot. Très belle épreuve.

607 — Le Rendez-vous champêtre, par Liotard. Très belle épreuve avec marges. Rare.

608 — Le Repos de Campagne, par Desplaces. Très belle épreuve. grandes marges.

609 — La Rêveuse. — La Pollonnoise. Deux pièces gravées par Aveline. Belles épreuves.

610 — Les Saisons. Suite de quatre pièces en hauteur, gravées par J. Audran, Desplaces, Fessart et Renard du Bos. Très belles épreuves, marges.

611 — Les Saisons. Suite de quatre pièces en largeur, gravées par Audran, Brion, de Larmessin et Moitte. Très belles épreuves.

612 — Triomphe de Venus, par P. Mercier. Très belle épreuve.

WATTEAU (d'après L.)

613 — La quatorzième expérience aérostatique de M. Blanchard, faite à Lille, le 25 août 1785. — Entrée de Monsieur Blanchard et du chevalier Lepinard, cinq jours après leur ascension aérostatique dans la ville de Lille, le 26 août 1785. Deux pièces faisant pendants, gravées par Helman. Très belles épreuves, marges.

WATTIER, BOUGÉ, MONNIER

614 — Caricatures à tiroir. Vingt-quatre lithographies coloriées, réunies en Album, reliure chag.

WEBERT (A Paris chez)

615 — Chute prochaine de la fille à Target. Très belle épreuve imprimée en bistre

WEENIX (d'après J.)

616 — La Partie de plaisir, par de Launay. Belle épreuve avant la dédicace.

WIERIX (H.)

617 — *Philippe II*, Roi d'Espagne. Très belle épreuve.

WIERIX (Les)

618 — *Albert, archiduc d'Autriche*, en habit de cardinal (Alvin 1832). Très belle épreuve.

619 — *Aquanus* (Corneille), savant antiquaire (A., 1856). Belle épreuve, l'inscription du bas coupée.

620 — *Henri III*, roi de France. In-folio non décrit. Très belle épreuve du premier état, avant l'inscription en haut, sans marges.

621 — *Philippe-Guillaume*, prince d'Orange (A. 1995). Belle épreuve.

WILLE (J.-G.)

622 — La Famille. Très belle épreuve.

WILLE (d'après P.-A)

623 — L'Ecrivain public, par C. Guttenberg. Très belle épreuve.

624 — Les Joueurs, par L. Romanet. Belle épreuve avant la lettre.

WILLE (d'après P.-A.)

625 — Le Patriote Français. — La double récompense du mérite. Deux pièces faisant pendants, gravées par J. Avril. Belles épreuves avant la lettre.

ZASINGER, MATHIEU

626 — La Décollation de Sainte Catherine (B., 8). Belle épreuve.

ZUNDT et JACQUARD

627 — Armoiries. — Poignée d'épée. Trois pièces. Belles épreuves.

DESSINS

ANONYMES

628 — Louis XIV recevant un cardinal.

Dessin à la plume et au lavis.

629 — Portraits de la famille Calas.

Sept dessins ; médaillons rehaussés d'aquarelle.

BAUDOUIN (attribué à)

630 — Il est pris.

Gouache.

BEAUMONT (E. de)

631 — Sujets pour Eventails, deux pièces.

Crayon noir.

BELANGER

632 — Cérémonies du sacre de Louis XVI à Reims le 11 juin 1775.

Trois dessins à la plume lavés d'encre de chine.

BERGHEM et UDEN

633 — Paysages.

Deux dessins à la plume dont un rehaussé légèrement d'aquarelle.

BERNARD

634 — Louis XVI. — Violent accès de la fièvre d'amour. — La Vénéra-
tion filiale.

Trois dessins calligraphiques.

BOUCHARDON (Edme)

635 — Médailles commémoratives. Huit dessins à la sanguine. Les sujets
sont :

Galères, 1739.	1 pièce.
Maison de la Reine, 1738, 1742, 1744.	3 —
Marine, 1740.	1 —
Ordinaire des guerres, 1740.	1 —
Parties Casuelles 1739, 1740.	2 —

De la collection de Ph. de Saint-Albin.

BOUCHER (François)

636 — Mélicerte, in-4, pour les œuvres de Molière 1734.

Plume et lavis d'encre de chime.

BOUCHER (attribué à François)

637 — Le Bourgeois Gentilhomme. — Le Malade imaginaire, in-4.

A la plume et lavis de Sépia.

COCHIN et WILLE fils (attribué à)

638 — Dessin allégorique en l'honneur du Dauphin. — La Récitation.

Deux dessins.

DELACROIX (Eugène)

639 — Les Pirates. — Figures et croquis.

Six dessins provenant de la vente du maitre.

DELLA BELLA, VAN-HUYSUM, TOUZÉ

640 — Le Brandon perpétuel. — Sujets de batailles. — Portrait. —
Fleurs, etc.

Huit dessins.

DENON (Vivant)

641 — Sujets d'enfants. — Groupes et études de têtes. Quatre pièces

Croquis à la plume, lavés de bistre et de sépia.

DIETRICY

642 — Descente de Croix.

Dessin à la plume lavé d'encre de Chine. Collection Andreassy.

DIVERS

643 — Costumes. — Portraits de Mme Favart, de Mme Récamier et de Maupassant. — Sujet divers.

Trente dessins modernes.

644 — Personnage du XVe siècle. — Char de Triomphe. — Portraits. — Paul et Virginie. — Le Bénédicité.

Sept dessins attribués à H. Rigaud, B. Picart, Descourtis et autres.

DORÉ (Gustave)

645 — White friars Bridge, Londres, 1870. — Un chevalier.

Deux croquis à la plume.

DORÉ et GIACOMELLI

646 — Le paysan endimanché. — Les deux oiseaux au bord d'un étang.

Deux dessins rehaussés d'aquarelle.

DURER et SCHŒNGAUER (attribué à)

647 — Reine tenant une palme. — Tentation de Saint Antoine. — Têtes d'expressions.

Quatre dessins à la plume.

FORTUNY

648 — Intérieur de l'Alhambra, 1868.

Dessin à la plume lavé de bistre. Signé et daté.

FRAGONARD (Honoré)

649 — Sujet de l'histoire romaine.

Dessin au crayon.

FRAGONARD, PORTAL, SAINT-AUBIN
(Attribué à)

650 — La jeune femme à l'oiseau. — Femme assise. — Portraits d'homme et de femmes. — Frontispice.

Huit dessins

GIACOMELLI (H.)

651 — Les Rats.

Mine de plomb, rehaussé d'aquarelle.

GIRODET (A.-L.)

652 — Paris et la Victoire. — Le Rêve du guerrier.

Deux dessins au fusain, rehaussés de blanc.

GOYA (attribué à)

653 — Danseur espagnol.

Dessin à la sanguine.

GRANDVILLE (J.-J.)

654 — Sujet pour les Animaux peints par eux-mêmes.

A la plume.

GRASSET (E.)

655 — Chez Alexandre Dumas fils.

Trois dessins à la plume, signés.

GRAVELOT (H.)

656 — Le duel. — Si de vous, je suis chérie. — Sujets de tragédie.

Quatre dessins à la plume lavès d'encre de chine.

GRÉVIN (A.)

657 — Costumes de théâtre. — A la Fête.

Onze dessins rehaussés d'aquarelle.

HOLBEIN (d'après Hans)

658 — Recueil de douze costumes Suisses civils et militaires, hommes et femmes du XVIe siècle, d'après les dessins originaux du célèbre Jean Holbein, qui se trouvent à la Bibliothèque publique de la ville de Basle. Publié par Chr. de Méchel, 1790.

Aquarelles.

HOPFER (Daniel)

659 — Les Supplices.

Dessin à la plume. Collection Vatardi.

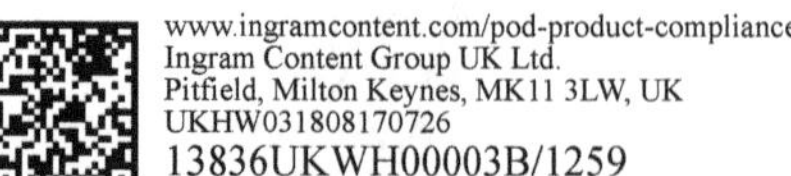
www.ingramcontent.com/pod-product-compliance
Ingram Content Group UK Ltd.
Pitfield, Milton Keynes, MK11 3LW, UK
UKHW031808170726
13836UKWH00003B/1259